Dados Internacionais de Catalogação na Publicação (CIP)
(Câmara Brasileira do Livro, SP, Brasil)

Pazian, Humberto
 O Evangelho no Lar : Prática e Vivência
Espírita / Humberto Pazian. – Catanduva,
SP : Boa Nova Editora, 2007.

   ISBN 978-85-99772-17-1

   1. Evangelho 2. Espiritismo
II. Título.

06-1059   CDD-133.93

Índices para catálogo sistemático:
1. Espiritismo 133.93

Impresso no Brasil/*Presita en Brazilo*

Humberto Pazian

O Evangelho no Lar
Prática e Vivência Espírita

Instituto Beneficente Boa Nova
Entidade coligada à Sociedade Espírita Boa Nova
Av. Porto Ferreira, 1.031 | Parque Iracema
Catanduva/SP | CEP 15809-020
www.boanova.net | boanova@boanova.net
17.3531-4444

11ª edição
Do 31º ao 36º milheiro
5.000 exemplares
Julho/2025

© 2007 - 2025 by Boa Nova Editora.

Capa
Direção de arte
Francisco do Espírito Santo Neto
Designer
Cristina Fanhani Meira

Diagramação
Juliana Mollinari
Cristina Fanhani Meira

Revisão
Ana Rael Gambarini
Mariana Lachi
Maria de Lourdes Pio Gasparin

Coordenação Editorial
Ronaldo A. Sperdutti

Impressão
Gráfica Rettec

Todos os direitos estão reservados.
Nenhuma parte desta obra pode ser
reproduzida ou transmitida por qualquer forma
e/ou quaisquer meios (eletrônico ou mecânico,
incluindo fotocópia e gravação) ou arquivada
em qualquer sistema ou banco de dados sem
permissão escrita da Editora.

O produto da venda desta obra é
destinado à manutenção das atividades
assistenciais da Sociedade Espírita
Boa Nova, de Catanduva, SP.

1ª edição: Outubro de 2007 - 10.000 exemplares

Sumário

Prefácio 9
O Princípio 15
O Desvio 21
Os Emissários 25
O Surgimento do Espiritismo 29
A Evolução do Movimento Espírita 35
Os Hábitos 39
Criando o Hábito 43
O Estudo do Evangelho 47
Expandindo a Luz 51
Reunião Semanal 53
Influência Espiritual 57
A Prática 63
Perseverança 67
A Água Fluídica 69
A Ajuda de Parentes Desencarnados 77
Incorporação 79
Compromisso 83
Visitas 85
O Ambiente 87
Os Passes 91
Vivendo o Evangelho 93

PREFÁCIO

"Recebei-nos em vossos corações..."
Paulo (II Coríntios, 7:2)

Há séculos, a humanidade discute as ideias de Jesus. De pontos de vista variados, muitas religiões e seitas surgiram e surgem a cada época.

A moral ensinada e exemplificada pelo Cristo de Deus, reforçada pelos seus emissários, que reencarnam periodicamente em nosso planeta, ficou sempre muito além de ser uma realidade na vida geral.

Durante muito tempo, homens e mulheres de boa vontade, não encontrando nas filosofias e religiões existentes as respostas às suas dúvidas e o consolo ao seu sofrimento, enfrentaram grandes provações e necessidades no caminho de suas existências.

Mas, conforme o grande mestre profetizou, chegaria em meados do século passado o momento da grande mudança, quando os povos ouviriam, de todos os cantos do planeta, a voz dos espíritos, o "consolador" prometido por Jesus, trazendo uma nova e mais clara interpretação de seus ensinamentos, adequada ao atual estágio evolutivo da humanidade.

Passados os primeiros momentos, nos quais o mundo espantou-se com as comunicações espirituais e as diversas manifestações mediúnicas que as acompanharam, chegara o momento de implantar-se, definitivamente, a mensagem do Cristo em nossos espíritos eternos.

A vida espiritual já é uma realidade para muitos. A ciência humana começa a dar os primeiros passos no estudo dos fenômenos da vida após a morte; as religiões contrárias à ideia da imortalidade mudam e amoldam suas interpretações das escrituras sagradas em face do novo entendimento, e as novas gerações encarnam preparadas para assimilar essas verdades.

Assim como o mestre tão bem ensinou – e as duras provações que a humanidade terrestre tem passado confirmam – só o conhecimento não basta, só o intelecto e a razão não são suficientes para adquirirmos as chaves que nos abrirão as portas da felicidade para a vida eterna.

É necessário que trabalhemos e aprimoremos os nossos sentimentos, e a caridade e a fraternidade serão os veículos que nos transportarão aos locais virtuosos do além.

O Evangelho do Cristo não basta apenas ser compreendido, tem que ser vivido em todo o seu esplendor. E para darmos o primeiro passo nesse aprendizado, comecemos pelo nosso lar, repartindo com nossos familiares, companheiros de jornada evolutiva, as bênçãos que fluirão desse manancial de vida, luz e amor.

Os esclarecimentos e sugestões desta pequena obra visam colaborar na implantação do estudo sistemático do Evangelho através das obras da codificação da Allan Kardec. E quanto aos resultados, desde que as orientações sejam praticadas com fé, determinação e amor, terão morada definitiva em nossos espíritos.

O PRINCÍPIO

*"E saiu da nuvem uma voz que dizia:
Este é o meu amado Filho, a ele ouvi."*
(Lucas, 9:35)

Em nosso atual estágio evolutivo, é bem difícil compreender como tudo começou.

Teorias, tanto religiosas como científicas, não faltam. O mistério da vida ainda permanecerá por muito tempo oculto ao nosso entendimento e, embora as incertezas sejam em grande número, de um fato, pelo menos, todos temos certeza: existimos.

Podemos até afirmar que a vida material é uma grande ilusão dos sentidos, mas em nosso íntimo, sabemos que há algo real, algo que é imortal, que está intimamente ligado ao criador: nossa alma.

Durante muitos séculos, essa essência do Ser tem sido estudada e meditada por muitos místicos, filósofos e religiosos de várias correntes do pensamento.

Muitas dúvidas, muitos porquês e aquelas antigas perguntas: "De onde viemos?" "Quem somos?" e "Para onde vamos?", finalmente tornaram-se acessíveis ao nosso entendimento pelo advento do espiritismo.

Para chegarmos, entretanto, a esse estágio, muito tempo decorreu. Desde o início da humanidade, o Criador tem nos enviado inúmeros mensageiros (portadores de verdades sempre relativas às necessidades e ao conhecimento da época), mas foi com Jesus, o Cristo, que os segredos da vida eterna nos foram realmente desvendados.

Toda a sua vida em nosso meio foi

dedicada a ensinar e exemplificar o amor universal em seu inteiro esplendor.

Em sua divina humildade, cada pequeno gesto transmitiu-nos uma infinidade de lições; cada palavra, uma chuva de bênçãos.

O colégio apostolar, formado pelos seus mais íntimos discípulos, que com Ele estiveram no período final da sua existência terrena, perpetuou suas mensagens e ensinamentos anotando os fatos e feitos que julgou mais importantes preservar e divulgar.

Após o drama da crucificação de Jesus e do glorioso ressurgimento perante seus discípulos diletos, dando a comprovação irrefutável da vida após a morte física e de tudo o mais que havia ensinado, alguns desses discípulos fizeram anotações em pergaminhos da época, procurando reproduzir, para os séculos futuros, os ensinamentos do mestre querido.

Muitos indivíduos, nos primeiros séculos

da era cristã, afeiçoaram-se aos ensinamentos do mestre Jesus, através da leitura desses escritos originais, que multiplicaram-se, dando origem a uma infinidade de cópias das anotações de seus primeiros discípulos, bem como a de adeptos posteriores que, embora não tivessem convivido pessoalmente com o mestre, procuravam colaborar com a grande obra de disseminação de seus ensinamentos, reproduzindo as anotações e procurando viver de acordo com elas.

Formaram-se, então, com o auxílio de veneráveis emissários do Cristo, os primeiros agrupamentos de estudo e trabalho cristãos que, reunindo-se periodicamente para o conhecimento dos ensinos de Jesus, fortaleciam, instruíam e amparavam todos aqueles que compareciam aos pequenos núcleos evangélicos. O auxílio do alto se fazia presente através de médiuns abnegados, trazendo mais luz a todos os participantes, nesta primeira etapa do movimento de evangelização das criaturas.

Foi uma época muito conturbada e difícil, na qual contrastaram-se as grandes carnificinas nas arenas romanas (com os extermínios em massa daqueles que abraçavam a causa cristã), com o exemplo de um grande número de almas angelicais, que deu seu testemunho de fé e amor aos princípios ensinados por Jesus, sendo fiel a Ele até os últimos momentos da vida terrena.

Após esse período de turbulência, apesar da oposição dos líderes políticos e religiosos da época, o cristianismo cresceu e tornou-se um movimento de grandes proporções.

O DESVIO

"Vê, pois, que a luz que há em ti não sejam trevas."
Jesus (Lucas, 11:35)

O grande império romano, que até então tinha sido o maior agressor do movimento, percebeu a extensão e importância do mesmo, pois entre os seus mais elevados e cultos cidadãos, já havia simpatizantes da doutrina e muitos deles tornaram-se militantes da mesma. Decidiu então aceitar a mensagem cristã e torná-la uma religião organizada, que pudesse ter sob controle. Começava aí a deturpação dos ensinamentos do Cristo, de acordo com as conveniências do estado e da Igreja formalizada.

De todos os manuscritos originais que relatavam as inúmeras passagens e ensinamentos do mestre, selecionaram somente quatro: o de João, o de Mateus, o de Marcos e o de Lucas, considerando-os autênticos e sendo adotados até hoje, conhecidos como o Novo Testamento ou o Evangelho. Todas as demais anotações foram desprezadas.

Outras reuniões ou concílios foram realizados através dos tempos, trazendo modificações que cada vez mais se distanciavam dos ensinamentos originais de Jesus.

Seus sacerdotes ou discípulos abandonavam a antiga simplicidade dos pioneiros cristãos, ostentando-se com ouro e prata e muito longe se encontravam da verdadeira humildade.

As manifestações e o intercâmbio com o mundo espiritual foram vetados, cabendo somente ao seu representante máximo aqui na terra ser considerado o único capaz de receber do alto as elucidações de que todos necessitavam.

Perdendo a simplicidade e o sentimento que marcaram o início do cristianismo, e ligando-se cada vez mais às ilusões do poder e glória humanos, o movimento distanciou-se dos desígnios divinos, transformando o Evangelho em algo confuso e inacessível ao homem comum.

Seguiu-se um período negro em nossa história, no qual perseguições, calúnias, mortes e toda sorte de perversidade foram cometidas utilizando-se o sagrado nome de Jesus, e mais uma vez a humanidade sentia-se órfã de Deus.

Cabe aqui ressaltar que, conhecedores que somos da lei da reencarnação, devemos meditar sobre o fato de que, em vidas passadas, possamos ter sido nós mesmos os sacerdotes que desvirtuaram a doce doutrina do mestre. E que talvez, os terríveis tribunais inquisitoriais do passado, onde almas santas e devotadas foram supliciadas, tenham tido a nossa ajuda.

Nossa tarefa, então, não deve ser a de julgar, mas apenas a de analisar os fatos, para que nunca mais nos desviemos do caminho reto que o mestre Jesus nos mostrou.

OS EMISSÁRIOS

"Nunca te deixarei, nem te desampararei."
Paulo (Hebreus, 13:5)

Após a desencarnação do mestre Jesus, continuou Ele manifestando-se aos seus discípulos, conforme narram os Evangelhos, dando orientações e fortalecendo os companheiros que ainda permaneciam à frente da sagrada batalha entre o bem e o mal em nosso mundo.

Mesmo após o término da primeira fase da implantação do evangelho em nosso orbe, continuou Jesus a enviar emissários para orientar e propagar suas verdades aos homens.

Esses missionários encarnaram em diversos países, fazendo parte de vários movimentos religiosos, buscando trazer-nos, sempre através da inspiração amorosa do mestre Jesus, elevados conceitos espirituais. Quase sempre, terminaram suas tarefas redentoras em nosso meio com o sacrifício de suas próprias vidas.

São considerados santos, avatares, gurus, mestres, de acordo com as tradições e segmentos religiosos dos quais participaram em vida, mas todos representantes de uma mesma verdade e um só senhor: Jesus.

Decorridos quase dois mil anos da passagem do mestre em nosso meio terreno, a humanidade já atingira um nível evolutivo que comportava maiores esclarecimentos sobre a mensagem que Jesus nos deixara. E como Ele havia prometido, chegara o momento de ser retirado o véu que ocultava o mundo espiritual. E este se torna manifesto através da voz de inúmeros espíritos superiores, comandados por aquele que seria designado como o "espírito da verdade": o próprio Cristo.

O SURGIMENTO DO ESPIRITISMO

*"Assim como o Pai me enviou,
também eu vos envio a vós."*
Jesus (João, 20:21)

O mundo havia mudado, evoluído, as antigas tradições religiosas já não exerciam o mesmo poder, não tinham mais força para utilizar seu domínio tirânico e aterrador.

Um novo período surgia. Clamava-se por liberdade em todos os sentidos, e ela se manifestava em todas as áreas do viver: na política, na ciência, nas artes e, fundamentalmente, na filosofia e na religião.

A França tornou-se o berço desse movimento, e lá reencarnaram espíritos valorosos dando impulso firme a essa revolução do conhecimento.

Nasce então, na cidade de Lion, França, em 1804, aquele que com o pseudônimo de Allan Kardec[1], teria a missão de expor ao mundo a doutrina de Jesus com uma nova

---

[1] *Léon Hippolyte Denizart Rivail nasceu em Lion, França, no dia 3 de outubro de 1804, e desencarnou em 31 de março de 1869, em Paris. Desde cedo interessou-se por todas as causas que evolvessem o bem coletivo. A sua paixão pelos métodos de ensino, de acordo com a escola de Pestalozzi, de quem foi discípulo, o fez uma autoridade bem conceituada sobre assuntos educacionais, na Europa.*

Em meados do século XIX, em várias localidades, um estranho fenômeno começou a ser difundido em diversas reuniões da sociedade: o das mesas girantes, sem nenhuma interferência material, andavam e saltavam, respondendo pequenas perguntas que lhes eram feitas.

Com um raciocínio altamente científico, observou que o objeto em si não poderia se mover, muito menos ter algum tipo de inteligência. Algo muito importante se manifestava e, a partir daí, resolveu pesquisar e encontrar as respostas, o que fez até o fim de sua vida.

Quando descobriu a seriedade de tal empreendimento, avisado que fora, então, pelos próprios espíritos comunicantes, resolveu utilizar o pseudônimo de Allan Kardec, para que não se confundisse seu trabalho humano com esse muito mais importante: o de ser o codificador dos espíritos comandados pelo "Espírito da Verdade", trazendo uma nova luz sobre os ensinamentos de Jesus. Cumprindo assim a promessa do Cristo, chegara o consolador prometido.

Através de diversas reuniões mediúnicas, orientado por médiuns respeitados, e equilibrados, e utilizando sua técnica apurada de pesquisador e educador, Kardec reuniu e codificou em alguns livros todo o seu trabalho.

São eles: "O Livro dos Espíritos", a parte filosófica (1857); "O Livro dos Médiuns", parte experimental e científica (1861); "O Evangelho Segundo o Espiritismo", explicação das máximas morais do Cristo (1864); "O Céu e o Inferno", exame comparado das doutrinas acerca da passagem da vida corporal à vida espiritual; e a Gênese, a criação do mundo e as predições (1868).

Todo aquele que deseja conhecer o Espiritismo tem nesses volumes leitura e

visão, ampliada e clara, ditada por espíritos superiores comandados pelo próprio Cristo, movimento este que viria a ser conhecido como espiritismo.

"O Evangelho Segundo o Espiritismo" pode ser entendido como a mensagem de Jesus com uma nova luz, no qual as verdades simples que o mestre ensinou nos são mostradas por espíritos superiores, de uma forma mais ampla e de fácil entendimento.

As interpretações diferentes dos ensinamentos do Evangelho, que dividiram em grupos isolados, contrários entre si, os seguidores do mestre, após essa nova manifestação do Cristo em nosso meio, deixam de ter sentido, desde que sejam eliminados a vaidade e o orgulho dos líderes religiosos para que se concretize a predição: "um só pastor e um só rebanho".

---
estudo indispensáveis.

A EVOLUÇÃO DO MOVIMENTO ESPÍRITA

"A caridade jamais se acaba"
Paulo (I Coríntios, 13:8)

Quase um século e meio já se passou desde o lançamento do livro "O Evangelho Segundo o Espiritismo". Desencadeou-se, após o trabalho de Kardec, uma série de outros compêndios, na qual diversos espíritos mensageiros, com a colaboração de um outro número de médiuns devotados, deu ao mundo valiosas e importantes lições e esclarecimentos sobre o mundo espiritual e a vida eterna, aumentando ainda mais a luz sobre os ensinamentos do Cristo de Deus.

No Brasil, a generosidade divina foi imensa, permitindo em nosso meio, não só as mensagens consoladoras e esclarecidas de espíritos de alta estirpe, bem como a presença física de missionários como Bezerra de Menezes, Eurípides Barsanulfo, Anália Franco, Cairbar Schutel, Chico Xavier, Divaldo Franco e inúmeros outros que comprovaram e comprovam que é possível viver de acordo com os ensinamentos evangélicos, trazendo em suas próprias vidas um exemplo de renúncia às coisas mundanas, e um amor ao Cristo a ser imitado.

Há algum tempo, o Evangelho vem sendo estudado e comentado em muitas casas espíritas, onde se tenta reproduzir o movimento inicial dos primeiros agrupamentos cristãos.

Nesses templos de vivência evangélica, por meio da orientação segura e elevada de espíritos protetores, aconselha-se o estudo sistemático e criterioso dos ensinamentos do Cristo. Aqueles que assim procedem, encontram, desde os primeiros momentos, sensíveis melhoras em suas vidas.

O estudo habitual da mensagem de Jesus esclarece, consola e nos dá a certeza de sermos amados e protegidos por Deus. Essa nova forma de pensar e agir nos conduz a uma vida reta e com grande paz interior, eliminando muitos problemas.

Como todo grande objetivo, estudar e tentar praticar os ensinamentos do Evangelho requer determinação e força de vontade. Necessitamos criar o hábito da meditação e da oração diária, se desejarmos realmente alcançar a paz e a alegria interior que delas decorrem.

No intuito de auxiliar nesse mister, algumas sugestões e explicações que devem ser lidas e meditadas com o bom senso cristão serão dadas a seguir.

OS HÁBITOS

"Da mesma boca procede benção e maldição."
(Tiago, 3:10)

Tudo o que fazemos constantemente e de uma mesma forma tende a tornar-se um hábito.

Cada um de nós tem suas preferências e necessidades e, por isso, podemos criar diversos tipos de hábitos.

Existem hábitos negativos e prejudiciais, como o de beber, de fumar, de comentar de forma depreciativa sobre a vida dos outros, de discutir por tudo, de comer demasiadamente e muitos outros, que prejudicam nosso corpo físico, espiritual e, consequentemente, nossa evolução.

Outros hábitos não nos prejudicam e tampouco ajudam, são apenas pequenas preferências, tais como um determinado horário para despertar ou dormir, para almoçar ou jantar, a forma de vestir, e tantos outros.

Existem também aqueles, na verdade ainda em menor número, que são os que conduzem a uma vida mais ampla e saudável, tanto física como espiritualmente.

Podemos citar como hábitos positivos, a alimentação criteriosa, comedida e saudável, a prática regular de exercícios físicos, de acordo com nossas aptidões, a leitura e a conversação sadias e o hábito que se deseja implantar em todo buscador sincero das verdades eternas: o de estudar e meditar sobre o Evangelho do Cristo, diariamente, tentando aplicá-lo nas relações e atividades diárias, de uma forma constante e de maneira que as sábias lições estejam permanentemente em nossas mentes, auxiliando em cada gesto e atividade do nosso cotidiano.

CRIANDO O HÁBITO

"Se alguém quer vir após mim, negue a si mesmo, tome cada dia a sua cruz e siga-me."
Jesus (Lucas, 9:23)

Muitas pessoas costumam afirmar que não possuem tempo para estudar, para ler e até mesmo para orar. Se por acaso nos encontramos nesse grupo, podemos fazer uma experiência: escolher um dia da semana, qualquer um, e fazer um minucioso relato, um relatório detalhado de todas as atividades e ocupações desse dia, desde o despertar até o momento do recolhimento ao leito.

Anotar o tempo gasto com conversas e comentários feitos com colegas e familiares;

o tempo perante os programas, noticiários e novelas da televisão; o período livre no horário das refeições e o da ida e retorno do trabalho, e todas as outras pequenas atividades.

Se anotar tudo criteriosamente, chegará, com certeza, à conclusão de que alguns minutos por dia poderiam ser utilizados em uma coisa muito importante, mais importante do que tudo que tenha feito: o contato com a Força Suprema, Deus.

Qualquer compromisso, ou atividade, será sempre menos importante do que nosso contato com Deus, e à medida que vamos intensificando e nos aprofundando nesses períodos de harmonização com o Pai, mais harmonia vamos encontrando em nossas vidas, e a paz que dela emana, passa a preencher cada minuto de nossas existências.

Se ainda a oração não é um hábito em nossas vidas, e a ela não recorremos várias vezes nos nossos dias, podemos então começar por um período diário, de preferência pela manhã, no primeiro momento disponível, logo ao despertarmos, enquanto nossas mentes se encontram mais leves, e nos fortaleceremos para todas as atividades do dia.

Começarmos nosso dia com esse contato com Deus, através da meditação sobre o Evangelho de Jesus, fará com que tenhamos ao nosso lado, durante todo o dia, as sugestões de protetores espirituais que se afinizarão com nosso objetivo de reforma interior e elevação espiritual.

Usando, no início, um pouco de força de vontade, logo estaremos criando um hábito muito salutar.

O ESTUDO DO EVANGELHO

*"E não mais ensinará cada um a seu próximo,
nem cada um a seu irmão, dizendo:
– Conhece o Senhor! Porque todos me
conhecerão, desde o menor até ao maior."*
Paulo (Hebreus, 8:11)

O período utilizado no estudo do Evangelho dependerá da vontade e disponibilidade de cada um. O mais importante, porém, é que o façamos com fé, amor e com a certeza de que esses períodos nos trarão conhecimento, força e tranquilidade perante os problemas e dificuldades de nossas vidas.

Para essa atividade, o primeiro livro que deve ser adotado é, sem dúvida, "O Evangelho Segundo o Espiritismo", de Allan Kardec, começando pelas primeiras páginas, lendo e meditando sobre seu conteúdo e tentando colocar em prática seus ensinamentos.

Muitos que já conhecem esta obra costumam abrir suas páginas a esmo, sempre encontrando assuntos para reflexões e sugestões, de modo a solucionar os problemas que estão vivendo. Mas, nesta atividade diária, o objetivo é outro, por isso recomenda-se o estudo da obra por completo, e caso já tenhamos feito, façamo-lo outra vez, e tantas quanto pudermos.

Notaremos que a cada nova leitura mais aprendizado obteremos, pois nossa compreensão da vida muda; constantemente evolui, e nossa percepção da realidade divina também.

Como os horários e a disponibilidade dos membros de uma mesma família são diversos, esse estudo pode ser feito individualmente, embora os benefícios acabem sendo estendidos a todos de um mesmo lar, pois onde se acende uma luz, eliminam-se as trevas.

"O Livro dos Espíritos", de Allan Kardec, é outra obra que também pode ser estudada desta mesma forma. Todo aquele que deseja conhecer a fundo a filosofia espírita, encontra nele as respostas a todas as suas dúvidas.

É comum àquele que se inicia no aprendizado espírita, deslumbrar-se com a quantidade de romances mediúnicos disponíveis. De fato, eles nos trazem uma riqueza de informações e ensinamentos do mundo espiritual de uma forma agradável e simples, e embora seja sempre recomendável esse tipo de leitura, é necessário estarmos sempre atentos com relação a seu conteúdo e às suas origens, ou seja, se estão ou não de acordo com as diretrizes básicas do movimento espírita encontradas na codificação feita por Allan Kardec.

Muitas obras de alto valor espiritual foram ditadas a médiuns de intocada reputação, humildade e exemplos de renúncia e amor ao próximo, mas é de grande importância o conhecimento das obras de Kardec, que são os alicerces da nova revelação: o espiritismo.

EXPANDINDO A LUZ

"Quero, pois, que os homens orem em todo lugar, levantando mãos santas, sem ira nem contenda."
Paulo (Timóteo, 2:8)

Se apenas um membro de um lar realizar o estudo diário e sistemático do Evangelho e tentar seguir suas recomendações, muito ajudará no bem de todos, mas seria muito importante e mais benéfico que todos se reunissem, pelo menos uma vez na semana, para o estudo e a oração conjunta. Usando uma antiga e sábia expressão, um graveto é muito fácil de ser quebrado, mas isso se torna muito mais difícil se vários deles estiverem unidos.

Essa prática, conhecida no meio espírita como "Evangelho no lar", é bem difundida e realizada por muitos de seus simpatizantes, mas não por todos. O grande objetivo é este: que um número cada vez maior de pessoas o realize.

Em uma sequência lógica, fazendo nossa reforma íntima estaremos auxiliando a melhora do nosso lar, que passará a refletir a paz e o amor do Cristo; estaremos dando o exemplo para que outras pessoas, em seus lares, também o realizem e, juntando um grande número de lares praticando o Evangelho em suas vidas, estaremos contribuindo para o bem estar da nossa cidade, do nosso país e, por que não dizer, de todo o planeta!

Cada um fazendo sua pequenina parte no estudo do Evangelho no lar estará colaborando na grande obra de Jesus: a redenção de toda a humanidade.

REUNIÃO SEMANAL

"E eles disseram: Crê no Senhor Jesus-Cristo, e serás salvo, tu e a tua casa."
(Atos, 16:31)

Assim como individualmente escolhemos o melhor horário para nosso estudo e meditação sobre o Evangelho, o momento destinado ao estudo do Evangelho em família deve ser escolhido de comum acordo, ou seja, num dia e horário em que todos estejam habitualmente presentes, sem pressa e sem outras preocupações que não sejam a de se preparar convenientemente para essa reunião que, embora de curta duração, seja de bom grado a todos.

Feita a escolha, todos os participantes devem concentrar-se nesse importante encontro, entendendo que, além dos encarnados, haverá muitos espíritos familiares superiores, no intuito de auxiliar no entendimento e na implantação dos ensinamentos de Jesus em suas vidas.

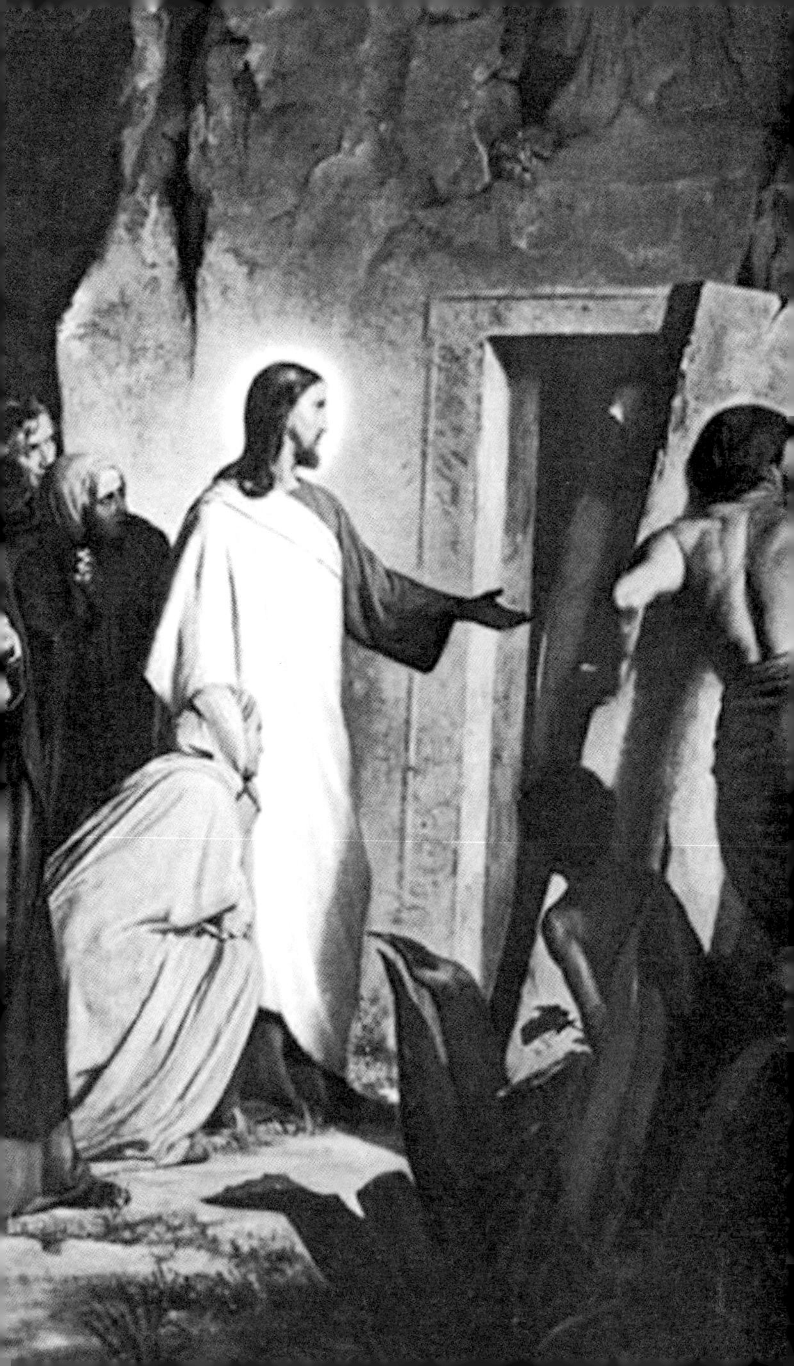

INFLUÊNCIA ESPIRITUAL

"Não atentando nós nas coisas que se veem, mas nas que se não veem, porque as que se veem são temporais e as que se não veem são eternas."
Paulo (II Coríntios, 4:18)

Útil será nesse momento refletirmos sobre o mundo espiritual e a influência dos espíritos em nossas vidas.

Quando nós "morremos", nosso espírito desprende-se do corpo físico e passa a habitar o que chamamos de mundo espiritual ou mundo astral.

Assim como no nosso mundo físico temos lugares bons, onde se conservam pensamentos e atitudes elevadas, e lugares ruins, onde toda sorte de leviandades e atitudes menos dignas são vivenciadas constantemente, também no plano espiritual encontramos as mesmas situações.

Quando partimos do mundo físico para o espiritual, nosso espírito continua com os mesmos gostos e as mesmas preferências que tinha quando encarnado, ou seja, nós não mudamos de uma hora para outra.

Pessoas que devotaram suas vidas à procura do bem e da verdade, e que buscaram vivenciar o "eu" de uma forma sincera e justa, logo após a desencarnação são levadas a grupos de espíritos afins, onde se sentem felizes e, através da continuidade dos estudos e aprendizados, podem, e quase sempre o fazem, vir até seus antigos familiares e amigos, procurando auxiliá-los naquilo que lhes for possível e permitido pelos espíritos superiores.

Da mesma forma, pessoas ligadas demasiadamente à matéria, que nunca se preocupam em desenvolver as qualidades do espírito, e nem com as necessidades de seus semelhantes (inclusive prejudicando-os de diversas formas), quando desencarnam, reportam-se a grupos de espíritos na mesma linha de entendimento e continuam a vivenciar os mesmos sentimentos de ódio, inveja e egoísmo que mantinham quando encarnadas.

As duas classes de espíritos – os bons e aqueles que ainda se encontram na ignorância das leis divinas – vivem no mundo espiritual, sendo que os bons vivem nas esferas mais iluminadas, sublimes e felizes e os demais, em esferas inferiores, mais grosseiras e pesadas, bem próximas à crosta terrestre.

Assim como na esfera física, fazemos nossas amizades e relacionamentos com pessoas de acordo com o que pensamos, falamos e agimos, assim também nos relacionamos com os espíritos, sempre através de nossa mente, que irradia incessantemente nossos ideais e objetivos, em forma de ondas mentais, ou, se preferirmos, em forma de pensamentos.

Bons pensamentos e boa conduta nos ligam a entidades espirituais evoluídas, que tudo fazem para incentivar-nos no caminho do bem. Maus pensamentos e uma vida conduzida pelo apego à matéria e ao egoísmo, nos fazem igualmente recebermos companheiros espirituais afins que, incentivando-nos nessa forma de pensar e agir, acabam agravando os problemas e as situações.

Portanto, nossa forma de pensar e agir é que escolhe nossas amizades espirituais que nos acompanham em todos os momentos e em todos os lugares: no trabalho, nos passeios, no sono físico e, principalmente, em nossos lares.

Dessa forma, podemos notar a importância da implantação do estudo sistemático do Evangelho em nossos lares, e com a participação de todos os membros da família, pois, além da presença de entidades espirituais evoluídas nos auxiliando, estará sendo criada uma "proteção vibratória", evitando que entidades de baixo nível evolutivo adentrem e perturbem a harmonia e a paz do sagrado recinto doméstico.

A PRÁTICA

"Considera o que te digo, porque o Senhor te dará entendimento em tudo."
Paulo (II Timóteo, 2:7)

Cientes da presença benéfica de espíritos superiores no momento de nossa reunião para o estudo do Evangelho, é importante que a iniciemos com uma prece de agradecimento a Deus, por enviar-nos os emissários do Cristo.

Após a prece inicial, deve-se abrir o Evangelho e ler em voz alta o trecho escolhido.

Neste caso, o Evangelho pode ser aberto a esmo, pois no estudo individual, como já foi observado, ele estará sendo estudado sequencialmente, desde o início.

O trecho a ser lido não precisa ser muito longo, para não tornar-se cansativo e desconcentrar o grupo com relação ao seu conteúdo, e nem tão pequeno, que não expresse a totalidade da mensagem.

Após a leitura, um ou mais participantes devem manifestar seu entendimento do que foi lido e a relação da mensagem com sua vida e a da família.

Problemas familiares que digam respeito ao tema lido, podem e devem ser discutidos em um clima de harmonia e paz, lembrando que todos estão sendo assistidos por entidades espirituais evoluídas e amigas, interessadas no bem de todos.

Feitos os comentários, todos devem orar com bastante fé ao Criador, pedindo por todos os familiares ausentes, encarnados e desencarnados, pelos locais onde todos trabalham e estudam, pelos amigos e companheiros de jornada evolutiva e por todos os irmãos encarnados e desencarnados que estão, da mesma forma que nós, necessitados da orientação e ajuda divina e, finalmente, para que o culto do Evangelho no lar, em um futuro próximo, possa ser inserido em todos os lares, no mundo inteiro.

Vale recordar que Jesus ensinou-nos que mais vale uma pequena prece sincera, oculta aos ouvidos dos homens, do que extensas frases ou discursos, belos na sua expressão externa, mas sem nenhum sentimento verdadeiro para aquele que o expressa.

O momento em que pedimos pelos outros, ou "vibramos", deve ser de profunda sinceridade e fé. Não adianta lermos uma lista de nomes ou pedirmos ajuda para hospitais, casas de saúde, orfanatos, asilos, penitenciárias, se não sentirmos nada por eles. Da mesma forma, também não tem valor pedirmos auxílio a conhecidos ou parentes que desencarnaram e, em nosso íntimo, nada sentimos por eles, fazendo isso apenas como se fosse uma obrigação.

É preferível que façamos e vibremos para poucos lugares e pessoas, mas que seja de uma forma sincera, pois assim, nossa prece será ouvida e terá resultados benéficos.

Terminado então o momento das vibrações, encerra-se a reunião com uma prece a Jesus e todos retornam aos seus afazeres normais, com muito mais ânimo e conforto espiritual.

PERSEVERANÇA

"Portanto, meus amados irmãos, sede firmes e constantes, sempre abundantes na obra do Senhor, sabendo que o vosso trabalho não é vão."
Paulo (I Coríntios, 15:58)

A perseverança é fundamental para criarmos esse hábito salutar em nossas vidas.

Muitos contratempos podem acontecer tentando desviar-nos do caminho escolhido. Por isso, devemos ter sempre muita fé em Jesus e a Ele pedir, todos os dias, o amparo e a proteção necessários para nossa caminhada na Terra.

No decorrer dessa prática, algumas dúvidas podem surgir (geralmente surgem) não só aos iniciantes, mas até aos estudantes mais antigos da doutrina espírita, com relação a alguns procedimentos.

Com o intuito despretensioso de colaborar na decisão de cada um, e não o de criarmos normas e procedimentos, relacionamos e procuramos elucidar alguns desses assuntos.

A ÁGUA FLUÍDICA

"Toda boa dádiva e todo dom perfeito vêm do Alto."
(Tiago, 1:17)

Muitos espíritas utilizam, na reunião do Evangelho no lar, uma jarra ou um copo com água para que ela seja fluidificada pelos espíritos que participam da reunião.

Recebemos constantemente de Deus, através dos alimentos, do ar, da água, ou seja, da natureza, esses fluidos ou energias que nos fortalecem e mantêm a vida.

A água, portanto, é um dos meios de recebermos essas energias, um veículo que traz até nós os elementos espirituais para serem absorvidos.

Com relação a esse assunto, encontramos no livro "Nosso lar", narrado pelo espírito de André Luiz e psicografado pelo médium Chico Xavier, um diálogo entre o autor espiritual e o amigo Lísias, ambos residentes na colônia espiritual, com o mesmo nome do livro. Transcrevemos abaixo, o diálogo que elucida perfeitamente o assunto:

"Na Terra, quase ninguém cogita seriamente de conhecer a importância da água. Em "Nosso Lar", contudo, outros são os conhecimentos. Nos círculos religiosos do planeta, ensinam que o Senhor criou as águas. Ora, é lógico que todo serviço criado precisa de energias e braços para ser convenientemente mantido. Nesta cidade espiritual, aprendemos a agradecer ao Pai e aos seus divinos colaboradores semelhantes dádivas. Conhecendo-a mais intimamente, sabemos que a água é veículo dos mais poderosos para os fluidos de qualquer natureza. Aqui, ela é empregada sobretudo como alimento e remédio. Há repartições no Ministério do Auxílio absolutamente consagradas à manipulação de água pura, com certos princípios suscetíveis de serem captados na luz do Sol e no magnetismo espiritual. Na maioria das regiões da extensa colônia, o sistema de alimentação tem aí suas bases. Acontece que, entre nós, somente os ministros da União Divina são detentores do maior padrão de espiritualidade superior, cabendo-lhes a magnetização geral das águas do Rio Azul, a fim de que sirvam a todos habitantes de "Nosso Lar", com a pureza imprescindível. Fazem eles o serviço inicial de limpeza e os institutos realizam trabalhos específicos no suprimento de substâncias alimentares e curativas. Quando os diversos fios da corrente se reúnem de novo, no ponto longínquo, oposto a este bosque, ausenta-se o rio de nossa zona, conduzindo em seio nossas qualidades espirituais.

Eu estava embevecido com as explicações.

– No planeta – objetei –, jamais recebi elucidações desta natureza.

– O homem é desatento, há muitos séculos – tornou Lísias. O mar equilibra-lhe a moradia planetária, o elemento aquoso fornece-lhe o corpo físico, a chuva dá-lhe o pão, o rio organiza-lhe a cidade, a presença da água oferece-lhe a bênção do lar e do serviço; entretanto, ele sempre se julga o absoluto dominador do mundo, esquecendo que é filho do Altíssimo antes de qualquer consideração. Virá tempo, contudo, em que copiará nossos serviços, encarecendo a importância dessa dádiva do Senhor, Compreenderá, então, que a água, no mundo, meu amigo, não somente carreia os resíduos dos corpos, mas também as expressões de nossa vida mental. Será nociva nas mãos perversas, útil nas mãos generosas e, quando em movimento, sua corrente não só espalhará bênçãos de vida, mas constituirá igualmente um veículo da

Providência Divina, absorvendo amarguras, ódios e ansiedades dos homens, lavando-lhes a casa material e purificando-lhes a atmosfera íntima.

Calou-se interlocutor em atitude reverente, enquanto meus olhos fixavam a corrente tranquila a despertar-me sublimes pensamentos."[1]

---

[1] *André Luiz – psicografia de Francisco Candido Xavier – "Nosso Lar" – 7ª Edição, 1958-FEB*

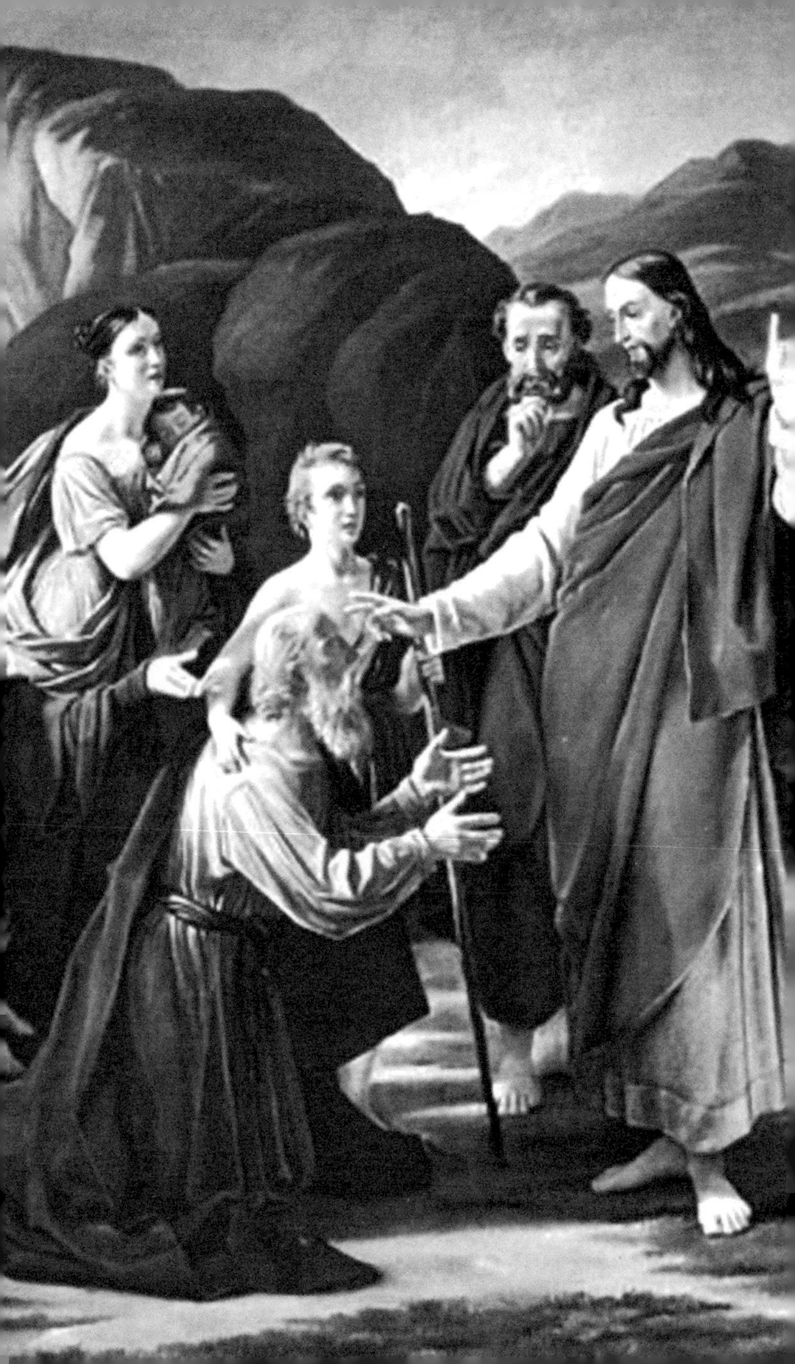

A AJUDA DE PARENTES DESENCARNADOS

"Mas se alguém não tem cuidados dos seus e principalmente dos da sua família, negou a fé e é pior do que o infiel."
Paulo (I Timóteo, 5:8)

Muitas vezes, a aparência externa não condiz com aquilo que verdadeiramente somos.

Podemos ter atos de extrema bondade e generosidade aos olhos do mundo e na realidade sermos tiranos e egoístas em nosso íntimo.

Da mesma forma, pessoas que para o mundo possam passar desapercebidas, podem trazer em seu interior um tesouro de paz e conhecimento espiritual.

Como as aparências nem sempre nos mostram a realidade das coisas e a desencarnação não transforma as pessoas de uma hora para outra em melhores ou piores, apenas retira o véu da ilusão material, seria então uma atitude consciente de nossa parte não invocar ajuda ou intercessões desses companheiros ou familiares desencarnados, pois não sabemos como se encontram e não seria justo enviar-lhes mentalmente solicitações, sem termos conhecimento se poderiam ajudar-nos ou não.

Devemos sempre fazer nossas preces e solicitações a Jesus, que Ele enviará seus mensageiros, e se nossos familiares e amigos desencarnados estiverem nesse estágio, com certeza virão até nós.

INCORPORAÇÃO

*"Amados, não creiais a todo espírito,
mas provai se os espíritos são de Deus."*
(I João, 4:1)

Algumas pessoas atribuem o ato mediúnico como uma exclusividade do movimento espírita. Entretanto, a mediunidade existe desde quando existe o ser humano.

O intercâmbio entre o plano espiritual e o físico remonta às primeiras civilizações. As influências dos espíritos sempre foram exercidas sobre os seres encarnados, de formas variadas.

O grande mérito do movimento espírita

é aceitar a mediunidade, estudá-la, através da sua manifestação, e conhecer as verdades eternas provenientes desse intercâmbio.

Após a disseminação do movimento, muitos médiuns surgiram e surgem a todo instante. Podemos afirmar que todos nós somos médiuns de uma forma ou de outra, e um dos tipos de mediunidade mais conhecido é o da incorporação, ou seja, aquele em que nos tornamos intermediários de um espírito, trazendo ao nosso plano físico sua mensagem.

Hoje em dia, verificamos que esse tipo de manifestação mediúnica faz parte da nossa realidade, e muitos são os médiuns de incorporação que atuam em diversas casas espíritas, consolando e orientando com base no Evangelho do Cristo. E como espíritos elevados e mensagens elevadas necessitam, não só de um médium equilibrado nas leis morais, mas de um ambiente de igual teor vibratório, onde pessoas de boa vontade se juntem com objetivos altruístas e elevados, recomenda-

-se a frequência, nessas instituições, para o aprendizado e a prática mediúnica.

Se em nosso lar conseguirmos ter elevados propósitos e uma conduta irrepreensível de todos os moradores, se conseguirmos transformar nosso ambiente doméstico num farol do qual se irradia a luz do Cristo, então teremos um ambiente propício a essas manifestações, embora seja necessário que estejamos sempre vigilantes, pois quando nos sentimos em perfeitas condições espirituais, podemos ser vítimas da vaidade e por ela sermos conduzidos a orientações enganosas de espíritos que se aproveitam dessa fraqueza para desviar-nos do reto caminho.

A mediunidade manifesta-se de inúmeras formas, e a intuição, sendo uma delas, deve sempre ser utilizada para refletirmos, com a ajuda do Alto, em tudo o que se refira a assuntos espirituais.

Utilizemos o bom senso meditando sobre o assunto.

COMPROMISSO

"A palavra do Cristo habite em vós, ricamente..."
Paulo (Colossenses, 3:16)

Quando decidimos realizar em um determinado dia e horário a reunião do estudo do Evangelho em nosso lar, assumimos um compromisso não só entre os participantes encarnados, mas também com os espíritos protetores de nosso grupo familiar.

As atividades espirituais são inúmeras e incessantes. Os mentores ou instrutores do astral estão sempre em atividades, programando-se, de forma que todo tempo disponível é aproveitado na boa tarefa do conhecimento e da evolução espiritual.

Quando, por qualquer motivo de menor importância, deixamos de praticar a reunião, desapontamos (se for esse mesmo o termo mais apropriado) os inúmeros companheiros espirituais que estavam preparados para ela.

Se deixarmos constantemente de realizar a reunião, perderemos o concurso de muitos benfeitores espirituais que aproveitarão melhor o tempo com outros que desejem realmente suas presenças e assumam o compromisso das decisões tomadas.

Mesmo quando estivermos viajando e, portanto, longe de nossa casa, podemos e devemos realizar nosso estudo onde estivermos, visualizando o lar e pedindo aos irmãos espirituais que o conserve em harmonia, livre da presença de espíritos que venham a interferir na paz do ambiente doméstico.

O horário deve ser respeitado, e caso haja alterações, que sejam por motivos realmente importantes e difíceis de serem contornados.

VISITAS

"Pondo de lado todo o impedimento... corramos com perseverança a carreira que nos está proposta."
Paulo (Hebreus, 12:1)

Devemos escolher cuidadosamente o dia e horário do nosso estudo, de maneira que estejamos livres de interrupções, seja de telefonemas, de trabalho ou mesmo de visita de amigos e familiares.

Devemos, é claro, divulgar o estudo do Evangelho no lar, sempre que possível a um maior número de pessoas. E quando da presença de visitas em nosso lar, podemos fazê-los partilhar dessa comunhão com o alto, mas o bom senso se torna imprescindível nesse momento, pois devemos observar se os visitantes partilham da mesma crença e se o ato da reunião, sem o seu prévio conhecimento, não os deixaria embaraçados e desambientados.

Caso a opção seja de não realizar no horário previsto, pelo motivo citado, pode-se realizá-la logo após estarem novamente a sós.

O AMBIENTE

"O reino de Deus não vem com aparência exterior."
Jesus (Lucas, 17:20)

Quando recebemos visitas de amigos ou familiares em nosso lar, costumamos limpá-lo e decorá-lo com nossas melhores louças, utensílios e o que de melhor possuímos, para que sintam-se bem e à vontade.

Assim também devemos proceder com relação aos visitantes espirituais. É claro que as louças e o conforto material são desnecessários, mas a limpeza física, a alegria e a satisfação sincera são muito importantes. Devemos aguardar esse momento como o de quem espera receber amigos queridos e amados.

A casa limpa e arrumada nos faz sentir melhores e outros pequenos detalhes são importantes, como uma boa música de fundo, ajudando a serenar o ambiente e nossas mentes. Flores são sempre bem-vindas, tanto no plano físico como no espiritual, e nossa vestimenta pode ser qualquer uma, desde que limpa e respeitosa.

Alguns iniciantes da doutrina espírita têm dúvidas com relação ao uso de velas e incenso, cabendo aqui algumas considerações.

Alguns espíritos se encontram em regiões inferiores do astral devido aos seus atos contrários às leis divinas, e aprendemos que eles necessitam de luz para alcançarem a paz e "enxergarem" o caminho que os levará a regiões mais felizes, findando suas aflições. Mas essa "luz" é no sentido figurado, ou seja, não é a luz física produzida por uma vela ou uma lâmpada, mas sim a "luz" do entendimento, da verdade, a "luz" que através da oração faz desabrochar o conhecimento divino que existe em todo ser.

Portanto, não precisamos usar velas com a finalidade de auxiliar entidades aflitas ou "necessitadas de luz". A oração sincera a esses espíritos infelizes é o que realmente terá sentido e valor.

Para os espíritos elevados espiritualmente, fica claro que também eles não necessitam dessa luz física, somente da "luz" que é proveniente de nossos bons pensamentos e ações.

As velas teriam aqui apenas a função de iluminar ou clarear o ambiente físico, como o fariam um archote, um abajur ou uma lâmpada elétrica.

Com relação ao incenso, o processo é o mesmo, tendo ele a função de um aromatizante, como um perfume, exalando o aroma de flores, madeiras ou ervas naturais.

Incensos não trazem em si a harmonia, a paz ou a felicidade, apenas criam, através dos seus aromas, um ambiente mais aconchegante para que possamos, através dos nossos pensamentos, elevarmos as condições vibratórias.

Existem também os defumadores, que são compostos de ervas naturais, utilizados por outras religiões com determinados fins espirituais. No espiritismo não utilizamos essa prática.

OS PASSES

"A oração feita por um justo pode muito em seus efeitos."
(Tiago. 5:16)

Existem na literatura espírita algumas obras que esclarecem de forma bem ampla o funcionamento e as características do passe espiritual.

Para nossa análise, designaremos o passe como sendo o catalisador das energias espirituais, que pelo poder da vontade, transmite ao corpo físico e espiritual os fluidos necessários para harmonização das suas funções vitais.

O passista (aquele que aplica o passe)

quanto mais harmonizado estiver com os planos superiores, mais êxito terá em sua aplicação.

Trata-se também de uma atividade mediúnica, ou seja, o passista é um intermediário das forças emitidas por entidades superiores, além de poder também doar energias condensadas, disponíveis no universo, pelo poder de sua vontade ou fé.

Mais uma vez necessitamos utilizar o bom senso, verificando se possuímos as qualidades e o conhecimento necessários, e também se nosso ambiente doméstico está revestido das vibrações positivas e benéficas que tal prática exige.

Recomenda-se, para um tratamento físico ou espiritual no qual o passe seja uma alternativa, a frequência a uma casa espírita, onde todas as condições mencionadas são existentes.

VIVENDO O EVANGELHO

"Nisto todos conhecerão que sois meus discípulos: se vos amardes uns aos outros."
Jesus (João, 13:35)

Concluímos aqui nossa sincera intenção de auxiliar na implantação do estudo dos ensinamentos de Jesus em nosso lar, de uma forma sistemática e criteriosa.

Como foi dito logo no início, só o conhecimento não basta; necessário se faz a vivência do Evangelho em todos os momentos de nossas vidas.

É evidente que só uma encarnação não bastará para que possamos ter o Cristo manifestando-se em todo o seu esplendor, através de nós, mas também, se só idealizamos e nada fizermos, estaremos adiando cada vez mais a felicidade prometida por Jesus.

A prática do Evangelho no lar, feita com alegria e perseverança, trará o fortalecimento necessário para enfrentarmos toda e qualquer dificuldade que a vida nos apresentar.

Pelo conhecimento que o espiritismo nos traz, entendemos que não devemos aguardar a vinda de Jesus de uma forma externa, física, pois na verdade Ele está conosco desde o início, em espírito, e nunca nos abandonou.

Confiemos na presença do Cristo em nosso interior, e procuremos fazer de nossas vidas um livro vivo de seu Evangelho.

ROMANCE

NUNCA É TARDE PARA PERDOAR

HUMBERTO PAZIAN

16x23 cm | 144 páginas

França, 1763. Filho único do conde Arnaldo D´Jou, Felipe retorna à pátria depois de sofrer amarga derrota nos campos de batalha da Inglaterra. A caminho dos domínios do pai, não sabe que vai ao encontro do seu passado... Embriagado pela beleza e pelo encanto de Celine, Felipe deixa-se dominar pela paixão. A linda jovem, filha de um cigano foragido, nega-se a se entregar ao guerreiro, que não aceita a recusa. O ódio de Felipe, então, contamina o ambiente da estalagem onde se encontram, abrindo suas portas para espíritos violentos e vingadores... Agora, tudo pode acontecer: Felipe e Celine, além de outros afetos e desafetos, reencontram-se para entender que nunca é tarde para perdoar.

boanova editora

Boa Nova Catanduva-SP | 17 3531.4444 | boanova@boanova.net

Levamos o livro espírita cada vez mais longe!

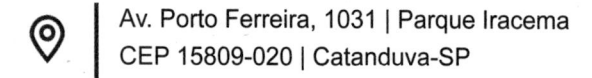

boanova editora

- Av. Porto Ferreira, 1031 | Parque Iracema
  CEP 15809-020 | Catanduva-SP

- www.**boanova**.net

- boanova@boanova.net

- 17 3531.4444

- 17 99257.5523

Siga-nos em nossas redes sociais.

@boanovaed   boanovaeditora

utilize #boanovaeditora
CURTA, COMENTE, COMPARTILHE E SALVE.

Acesse nossa loja   Fale pelo whatsapp